NÜTZLICHES SCHOKOLADEN-WISSEN

AUF DEM TITELBILD SEHEN SIE DAS REZEPT SCHOKO-CHILI-KUCHEN VON SEITE 36.

FRISCH EINGETROFFEN

STATT BLUMEN: VERSCHENKEN SIE IHREN LIEBLINGS-SCHOKOKUCHEN!

KLASSIKER NEU INTERPRETIERT

EINE HEISSE SCHOKOLADE ZUM KUCHEN VERDOPPELT DEN SCHOKOGENUSS!

SCHOKOKUCHEN CROSSOVER

WIE WÄRE ES EINMAL MIT EINER SCHOKOLADEN-VERKOSTUNG (ÄHNLICH WIE BEI WEIN)?

KLEINE SCHOKO-KUNDE

WORAUS BESTEHT SCHOKOLADE?

WAS IST WEISSE SCHOKOLADE?

WIE SOLL GUTE SCHOKOLADE AUSSEHEN?

WAS IST DER WEISSE BELAG,
DEN SCHOKOLADE MANCHMAL HAT?

WAS BEDEUTET CONCHIEREN?

Aus Kakaomasse, Kakaobutter, Zucker und Milchbestandteilen, dazu eventuell noch Aromastoffen sowie Emulgatoren. Kakaomasse entsteht durch Mahlen der gerösteten Bohnen. Kakaobutter ist das aus der Masse gepresste Fett – aus dem Presskuchen wird Kakaopulver hergestellt. Die Summe von Kakaomasse und -butter ergibt den Kakaoanteil einer Schokolade, angegeben in »% Kakao«. Trägt eine Schokoladentafel die Bezeichnung 70 % Kakao, heißt das, dass sie viel Kakaomasse und nur wenig Kakaobutter enthält. Durch den hohen Anteil an Kakaomasse schmeckt sie bitterer als z. B. Vollmilch-Schokolade mit nur ca. 25 % Kakao. Halbbitter- und Zartbitter-Schokoladen enthalten mindestens 50 %, Bitter-Schokoladen mindestens 60 % Kakao. Kuvertüre hat einen höheren Anteil Kakaobutter als Schokolade, dadurch schmilzt sie auch bei niedrigeren Temperaturen. Dabei wird sie recht dünnflüssig und ist deshalb zum Überziehen von Kuchen, Törtchen & Co. bestens geeignet.

Wenn man der Kakaomasse das (braune) Kakaopulver entzieht, bleibt die gelblich-klare Kakaobutter übrig. Aus dieser sowie Zucker und Milchbestandteilen wird weiße Schokolade hergestellt. Kakaobutter schmilzt bei Körpertemperatur. Je mehr Kakaobutter in Schokolade enthalten ist, desto cremiger schmeckt diese. Weiße und Vollmilchschokolade enthalten viel Kakaobutter.

Hochwertige Schokolade weist eine glänzende Oberfläche auf, riecht angenehm, knackt hörbar beim Zerbrechen, schmilzt gleichmäßig und macht nicht zuletzt Lust auf mehr!

Wenn Schokolade zu warm gelagert wurde bzw. Temperaturschwankungen erlitten hat, tritt die Kakaobutter an die Oberfläche und hinterlässt einen weißen Belag, den sogenannten Fettreif. Die Schokolade ist dennoch genießbar! Schokolade sollte luftdicht verpackt gelagert werden, da sie durch ihren hohen Fettanteil leicht andere Gerüche aufnimmt. Ansonsten mag sie es trocken, eher kühl, jedoch nicht im Kühlschrank, da es ihr hier zu feucht ist.

Beim Conchieren wird die Schokoladenmasse erwärmt und dabei gerührt. Der Schokolade wird dadurch Feuchtigkeit entzogen, unerwünschte Aromen verflüchtigen sich, angenehme Aromen treten hervor und die Schokolade erhält ihren typischen Schmelz. Je länger und sorgfältiger die Schokoladenmasse conchiert wird, desto höher ist die Qualität und damit auch der Preis der Schokolade.

FEINARBEIT FÜR DEN VOLLEN GENUSS

Zum Überziehen von Kuchen, Törtchen & Co. ist Kuvertüre bestens geeignet. Schon bei niedrigen Temperaturen schmilzt sie – wird es ihr zu warm, verliert sie ihren Glanz.

GLÄNZENDE SCHOKOLADENGLASUR

200 g Kuvertüre gleichmäßig zerkleinern, zwei Drittel in eine kleine Metallschüssel geben. In einem Topf Wasser erhitzen, die Schüssel auf den Topf stellen. (Der Schüsselboden soll nicht im Wasser stehen, sonst wird es eventuell zu heiß!) Kuvertüre schmelzen, dabei immer wieder umrühren. Die Schüssel vom Topf nehmen, die restlichen Kuvertürestückchen gleichmäßig einrühren und dabei schmelzen lassen. Nun ist die Temperatur richtig. Mit einem Thermometer können Sie es ganz genau prüfen: Circa 32° sind optimal. Jetzt können Sie Ihren Kuchen damit überziehen oder die Kuvertüre für untenstehende Garnituren verwenden.

In der Mikrowelle: Zerkleinerte Schokolade bei schwacher Leistung schmelzen, zwischendurch mehrmals anhalten und umrühren – fertig.

CREMIGER SCHOKOLADENÜBERZUG

200 g gute Bitter-Schokolade in Stückchen brechen und mit 50 g Butterwürfelchen unter Rühren in einer Metallschüssel über einem heißen Wasserbad schmelzen. Die Schüssel vom Was-

serbad nehmen, 150 g Sahne gründlich unterrühren. Die Creme etwas abkühlen lassen, dann auf den Kuchen geben und mit einer kleinen Palette oder einem breiten Messer gleichmäßig auf dem Kuchen verstreichen.
Auch diesen Überzug kann man in der Mikrowelle zubereiten, dann bitte besonders gut beobachten, dass die Mischung nicht zu warm wird und mehrmals umrühren!

SCHOKOLADEN-VERZIERUNGEN
100 g Kuvertüre schmelzen (s. oben). 1 TL neutrales Öl unterrühren (das verhindert, dass die Kuvertüre zu schnell fest wird). Die Kuvertüre auf eine Marmorplatte gießen und mit einem Spachtel gleichmäßig sehr dünn darauf verstreichen. Etwas fest werden lassen.
Für Röllchen den Spachtel im flachen Winkel ansetzen und etwas Kuvertüre zusammenschieben. Fertig!
Fächer erhalten Sie, indem Sie mit dem Spachtel ein Dreieck schaben und die noch weiche Kuvertüre an einer Seite mit den Fingerspitzen zusammenkneifen.
Zum Ausstechen die Kuvertüre etwas dicker, etwa 2 mm hoch, gleichmäßig auf Pergamentpapier verstreichen. Fest werden lassen und mit Plätzchenausstechern hübsche Formen ausstechen, z. B. Blüten, kleine Tiere, Tropfen. Die Ausstecher jedes Mal kurz in heißes Wasser tauchen und zwischendurch mit einem feuchten Tuch säubern. Mit dem Pergament lassen sich die Formen dann ganz leicht aus den Formen lösen. Die Schokolade an einem kühlen Platz ganz fest werden lassen – und schon können Sie Ihren Kuchen den letzten Schliff verpassen!

FRISCH

EINGETROFFEN

lässt sich vorbereiten

ZITRONEN-SCHOKO-KUCHEN

100 g Schokoladenkekse (s. Tipp) ++ 50 g Butter ++ 100 g weiße Schokolade ++ 100 g Sahne ++ 1 Bio-Zitrone ++ 400 g Doppelrahm-Frischkäse ++ 30 g Zucker ++ 1 EL Speisestärke ++ 3 Eier

Für 1 Springform von 20 cm Ø (8 Stück) | Zubereitung **40 Min.** | Backzeit **50 Min.**
Pro Stück ca. **360 kcal, 8 g EW, 27 g F, 22 g KH**

1 Formboden mit Backpapier auslegen. Kekse grob zerkrümeln, in der Küchenmaschine fein mahlen. Butter schmelzen und mit den Krümeln gut mischen. Als Boden in die Form drücken, kalt stellen.

2 Schokolade zerbröckeln. Sahne erhitzen, Schokolade darin unter Rühren schmelzen. Etwas abkühlen lassen. Die Zitrone heiß waschen, abtrocknen und von einer Hälfte die Schale fein abreiben. Die andere Hälfte in dünne Scheiben schneiden, den Rest auspressen.

3 Backofen auf 180° vorheizen. Frischkäse, Zucker, Stärke, Zitronensaft und -schale mit den Quirlen des Handrührgeräts gut verrühren. Eier einzeln unterrühren. Die Schoko-Sahne unterrühren. Füllung auf den Keksboden gießen, glatt streichen. Zitronenscheiben darauf legen. Im Ofen (Mitte, Umluft 160°) 45–50 Min. backen. Den Kuchen auf einem Kuchengitter auskühlen lassen, am besten mehrere Std. Er schmeckt am besten, wenn er einen Tag durchgezogen hat und hält sich im Kühlschrank 3–4 Tage.

MEIN ZUTATEN-TIPP
Sie können Schokokekse mit Glasur oder mit Schokostückchen verwenden.

FEINE SCHOKOLADEN-ORANGEN-KÜCHLEIN

gästefein

175 g Bitter-Schokolade (mindestens 70 % Kakao)
175 g Butter
2 Eigelbe
50 g Mehl
4 Eier
75 g feiner Zucker
1 TL abgeriebene Bio-Orangenschale
8 TL bittere Orangenmarmelade
Fett für die Förmchen

Für 8 Timbaleförmchen oder 1 Muffinform | Zubereitung **20 Min.** | Backzeit **12 Min.**
Pro Person ca. **425 kcal, 7 g EW, 34 g F, 28 g KH**

1 Backofen auf 180° (Umluft 160°) vorheizen. Förmchen gut einfetten. Schokolade zerbröckeln, Butter in Würfel schneiden. Beides in einem Topf bei schwacher Hitze unter Rühren schmelzen. Eigelbe und Mehl unter die Schokocreme rühren.

2 Eier und Zucker mit den Quirlen des Handrührgeräts solange rühren, bis die Creme hellgelb und schaumig ist. Schokomischung und Orangenschale unterrühren.

3 Teig zur Hälfte in die Förmchen füllen. Je 1 TL Orangenmarmelade daraufgeben, mit restlichem Teig bedecken. Im Ofen (Mitte) ca. 12 Min. backen, die Küchlein sind dann noch recht weich. Herausnehmen und 5 Min. ruhen lassen. Die Küchlein haben einen fast flüssigen Schokoladenkern, daher sehr behutsam auf Teller stürzen. Gleich genießen!

MEIN SERVIER-TIPP
Reichen Sie diese köstlichen Küchlein als feines Dessert, begleitet von duftendem Pfirsich- oder Aprikosenkompott oder frischen Orangenfilets.

SCHOKO-BIRNEN-TARTE

raffiniert

1/2 Packung TK-Blätterteig (ca. 225 g)
75 g Bitter-Schokolade
2 Eier
75 g Zucker
75 g gemahlene Mandeln
2 reife Birnen
1 EL Zitronensaft
2 EL ganze Mandeln
ca. 2 EL Apfel- oder Quittengelee

Für 8 Stück | Zubereitung **35 Min.** | Backzeit **35 Min.**
Pro Person ca. **290 kcal, 7 g EW, 21 g F, 32 g KH**

1 Backofen auf 200° vorheizen. Blätterteigscheiben nebeneinander auftauen lassen. Das Backblech mit Backpapier belegen.

2 Schokolade zerbröckeln und über einem heißen Wasserbad schmelzen (s. Seite 6/7). Eier und Zucker 5 Min. kräftig schaumig rühren, gemahlene Mandeln und warme Schokolade unterrühren.

3 Birnen schälen, mit einem Apfelausstecher entkernen und in Scheiben schneiden. Mit Zitronensaft beträufeln.

4 Blätterteigplatten aufeinander legen und auf wenig Mehl zu einem Quadrat (ca. 25 x 25 cm) ausrollen. Blätterteig auf das Backblech legen. Schokoladencreme darauf verstreichen, mit den Birnen belegen. Mandeln grob hacken und darüber streuen.

5 Im Ofen (unten, Umluft 180°) 30–35 Min. backen. Aus dem Ofen nehmen. Gelee glatt rühren und auf die Birnenscheiben streichen.

WIE WEICHT DER BLÄTTERTEIG NICHT DURCH?

Bestreuen Sie den Teig nach dem Ausrollen noch mit 2 EL gemahlenen Mandeln oder Semmelbröseln.

gelingt leicht

SCHOKO-AMARENA-KÜCHLEIN

60 g Amarenakirschen in Sirup (aus dem Glas) ++ 100 g weiche Butter ++ 100 g Puderzucker ++ 2 Eier ++ 100 g Mehl ++ 1 TL Backpulver ++ 30 g gemahlene Haselnüsse ++ 1 Msp. Nelkenpulver ++ 40 g Schokoladenflocken (Zartbitter) ++ Fett für die Tassen

Für 4 breite hitzebeständige Tassen | Zubereitung **25 Min.** | Backzeit **20–25 Min.**

Pro Person ca. **585 kcal, 8 g EW, 32 g F, 54 g KH**

1 Die Tassen gut einfetten. Amarenakirschen auf einem Sieb abtropfen lassen, den Sirup aufheben.

2 Butter mit Puderzucker schaumig schlagen. Eier trennen. Eigelbe nacheinander unterrühren, 2 EL Kirschsirup unterrühren. Eiweiße steif schlagen und auf die Creme geben.

3 Backofen auf 200° (Umluft 180°) vorheizen. Mehl, Backpulver, Nüsse, Nelkenpulver und Schokoladenflocken auf die Creme geben, behutsam unterheben. Teig in die Tassen füllen. Je 3 Kirschen darauf geben.

4 Im Ofen (Mitte) 20–25 Min. backen. Herausnehmen, etwas abkühlen lassen. In den Tassen servieren oder die Küchlein stürzen und auf Tellern anrichten.

SCHOKOLADEN-TARTE

für Gourmets

Für den Mürbeteig:
250 g Mehl | 2 EL Puderzucker | Salz
125 g kalte Butter
Fett für die Form | Mehl für die Arbeitsfläche
getrocknete Hülsenfrüchte zum Blindbacken

Für die Füllung:
400 g Bitter-Schokolade | 200 g Sahne
2 Eigelbe | 30 g Butter
Kakaopulver zum Bestäuben

Für 1 Tarteform von 28 cm Ø (14 Stück) | Zubereitung **50 Min.** | Backzeit **30 Min.**
Kühlzeiten **4 Std.** | Pro Person ca. **360 kcal, 4 g EW, 25 g F, 28 g KH**

1 Für den Mürbeteig Mehl auf die Arbeitsfläche sieben. In die Mitte eine Mulde drücken, Puderzucker und 1 gute Prise Salz darauf streuen. Butter in kleinen Flöckchen auf dem Rand verteilen. 4 EL eiskaltes Wasser dazugeben. Alles mit den Fingern vom Rand aus rasch zu einem geschmeidigen Teig verkneten. Teig in Folie wickeln, 1 Std. kalt stellen.

2 Backofen auf 200° vorheizen. Den Teig auf etwas Mehl rund ausrollen. Die Form fetten und mit dem Teig auskleiden, dabei einen kleinen Rand bilden. Teigboden mit einer Gabel mehrmals einstechen, mit Backpapier belegen und mit Hülsenfrüchten beschweren. Im Ofen (unten, Umluft 180°) in 30 Min. knusprig hellbraun backen. Papier und Hülsenfrüchte entfernen, Boden auskühlen lassen.

3 Schokolade zerbröckeln und über einem Wasserbad schmelzen (s. Seite 6/7). 3 gehäufte EL Schokolade auf den Mürbeteigboden gießen und mit einem Pinsel verstreichen. Im Kühlschrank in ca. 15 Min. fest werden lassen.

4 Sahne unter die restliche warme Schokolade rühren. Eigelbe nacheinander unterrühren, dann die Butter in kleinen Stückchen. Creme auf den Teigboden gießen. Im Kühlschrank mindestens 2 Std. kalt stellen. Kurz vorm Servieren dick mit Kakao bestäuben.

MEIN SERVIER-TIPP

Die Tarte ist sehr mächtig! Nach einem sättigenden Hauptgericht genügen auch **schmale Stücke.**

gelingt leicht

BLONDIES

je 50 g weiße und Vollmilch-Schokolade
50 g gesalzene Macadamianüsse
125 g Butter
300 g feiner brauner Zucker
3 Eier
300 g Mehl
1 TL Backpulver
Salz
1 TL Vanilleessenz (Backabteilung)

Für 1 eckige Form von ca. 25 x 25 cm (25 Stück) | Zubereitung **20 Min.** | Backzeit **25 Min.**
Pro Person ca. **170 kcal, 3 g EW, 8 g F, 23 g KH**

1 Die Backform mit Backpapier auslegen (ersatzweise 1/2 Backblech, dann den Rand mit Alufolie begrenzen). Backofen auf 180° (Umluft 160°) vorheizen. Schokolade und Macadamianüsse hacken.

2 Butter in Stückchen schneiden, mit dem Zucker in einem Topf bei schwacher Hitze unter Rühren erwärmen, bis sich der Zucker aufgelöst hat. Die Eier nacheinander gründlich unterrühren. Mehl, Backpulver, 1 große Prise Salz und Vanilleessenz nur kurz unterrühren. Teig in die Form oder auf das Blech streichen. Schokolade und Nüsse gleichmäßig darauf streuen.

3 Im Ofen (Mitte) 20–25 Min. backen. Herausnehmen und abkühlen lassen und dann die Blondies in ca. 25 Würfel schneiden.

MEIN VORRATS-TIPP

Die Blondies halten sich (unangeschnitten) in einer **Plastikdose** oder in **Alufolie** gewickelt 3–4 Tage frisch. Sie lassen sich auch bestens **einfrieren**!

sommerlich-fruchtig

BEEREN-TÖRTCHEN

75 g weiße Schokolade
1 Päckchen Sahne-Puddingpulver zum Kochen
1–2 EL Zucker
1/2 l Milch
200 g Sahne
250 g frische Beeren (eine Sorte oder gemischt)
6 Biskuittortelettes (ca. 10 cm Ø, Fertigprodukt)
4 EL rote Beerensauce (Fertigprodukt oder selbst gemacht)

Für 6 Stück | Zubereitung **25 Min.** | Kühlzeit **1 Std.**
Pro Person ca. **295 kcal, 6 g EW, 18 g F, 27 g KH**

1 Von der Schokolade mit einem Sparschäler 1–2 EL kleine Schokolocken abschälen und für die Deko kalt stellen. Restliche Schokolade in Stückchen brechen.

2 Für die Creme Puddingpulver, Zucker und 100 ml Milch glatt rühren. Restliche Milch und Sahne erhitzen. Schokoladenstückchen in der heißen Mischung unter Rühren schmelzen.

3 Angerührtes Puddingpulver in die kochende Schokomilch geben, unter Rühren einmal aufkochen lassen, bis der Pudding andickt. In eine Schüssel umfüllen, mit Frischhaltefolie bedecken und mindestens 1 Std. ganz abkühlen lassen (die Folie verhindert die »Puddinghaut«).

4 Beeren verlesen, nach Bedarf putzen bzw. von den Rispen streifen, Erdbeeren halbieren. Pudding mit einem Schneebesen kräftig durchrühren. Je 1–2 gehäufte EL Pudding auf die Tortelettes geben. Beeren darauf verteilen, mit etwas Beerensauce oder -püree beträufeln. Mit den Schokolocken bestreuen.

KANN ICH AUCH TIEFGEKÜHLTE BEEREN VERWENDEN?

Das können Sie! Lassen Sie die Beeren langsam auftauen, und tupfen Sie sie vor dem Belegen mit Küchenpapier ab, so verhindern Sie ein Durchweichen der Tortelettes.

KLASSIKER NEU INTERPRETIERT

SCHOKO-MARZIPAN-GUGELHUPF

150 g Bitter-Schokolade ++ 100 g Marzipanrohmasse ++ 100 g Haselnusskerne ++ 250 g weiche Butter ++ 200 g Zucker ++ 5 Eier ++ 250 g Mehl ++ 100 g Speisestärke ++ 1 Prise Salz ++ 1 TL abgeriebene Bio-Orangenschale ++ 1 Päckchen Backpulver ++ Fett und Mehl für die Form ++ Puderzucker zum Bestreuen

Für 1 große Gugelhupfform (20 Stück) | Zubereitung **30 Min.** | Backzeit **1 Std.**
Pro Person ca. **305 kcal, 4 g EW, 19 g F, 31 g KH**

1 Schokolade und Marzipan in zentimetergroße Stückchen schneiden. Haselnüsse grob hacken. Die Form gründlich einfetten und mit Mehl ausstreuen.

2 Butter und Zucker mit den Quirlen des Handrührgeräts kräftig schaumig rühren, bis der Zucker fast ganz aufgelöst ist. Ein Ei nach dem anderen gut unterrühren.

3 Backofen auf 180° vorheizen. Mehl, Stärke, Salz, Orangenschale und Backpulver mischen. Unter die Buttermasse rühren.

4 Teig in die Form füllen. Im Ofen (unten, Umluft 160°) ca. 1 Std. backen (Stäbchenprobe machen!). Den Kuchen etwas abkühlen lassen, auf ein Kuchengitter stürzen und vollständig auskühlen lassen. Mit Puderzucker bestreuen.

gelingt leicht

APFEL-RÜBLI-TÖRTCHEN

50 g weiße Schokolade
5 EL neutrales Öl (z. B. Soja- oder Rapsöl)
1 kleine Möhre (50 g)
1 kleiner Apfel (100 g)
2 Eier
5 EL Zucker
100 g gemahlene Mandeln
2 EL Semmelbrösel
1 gehäufter EL Apfelgelee oder Aprikosenkonfitüre
8 Papierbackförmchen

Für 1 Muffinform (8 Stück) | Zubereitung **30 Min.** | Backzeit **20 Min.**
Pro Person ca. **230 kcal, 5 g EW, 18 g F, 13 g KH**

1 Schokolade zerbröckeln und mit dem Öl unter Rühren über einem heißen Wasserbad schmelzen (s. Seite 6/7). Möhre schälen und fein reiben. Apfel waschen, nach Belieben schälen, vierteln und entkernen. Zwei Viertel fein reiben, die anderen Viertel in dünne Scheibchen schneiden.

2 Eier trennen. Eigelbe und 3 EL Zucker schaumig schlagen. Schoko-Öl-Mischung dazugeben und unterrühren. Möhre, Apfelraspel, Mandeln und Semmelbrösel unterrühren.

3 Backofen auf 180° (Umluft 160°) vorheizen. Eiweiße zu steifem Eischnee schlagen, restlichen Zucker einrieseln lassen und weiterschlagen, bis der Eischnee sehr fest ist und glänzt. Unter den Teig heben.

4 Papierförmchen in die Muffinform setzen, Teig einfüllen. Mit den Apfelscheibchen belegen. Im Ofen (Mitte) 18–20 Min. backen. Herausnehmen. Gelee oder Konfitüre glatt rühren und auf die Törtchen streichen.

KANN ICH DIE TÖRTCHEN AUCH OHNE MUFFINFORM BACKEN?

Wenn Sie keine Muffinform haben, nehmen Sie ein Backblech und setzen jeweils 2 Papierbackförmchen ineinander, so hat der Teig den nötigen Halt.

KLEINE SCHOKOLADEN-PANETTONE

Spezialität aus Italien

500 g Mehl (Type 405)
1 Würfel frische Hefe (42 g)
100 g Zucker
ca. 150 ml lauwarme Milch
100 g Butter
2 Eier
1/2 TL Salz
2 TL abgeriebene Bio-Zitronenschale
je 100 g Bitter-Schokolade, Nuss-Nougatmasse, gehackte Mandeln, Rosinen und Orangeat
Fett für die Förmchen
Puderzucker zum Bestäuben

Für 12 Souffleeförmchen (oder Tassen à 150 ml) | Zubereitung **25 Min.**
Ruhezeit **1 Std. 10 Min.** | Backzeit **20 Min.** | Pro Person ca. **450 kcal, 10 g EW, 18 g F, 62 g KH**

1 Für den Teig das Mehl in eine Schüssel geben, in die Mitte eine Mulde drücken und die Hefe hineinbröckeln. 1 TL Zucker darauf geben und die Hefe mit 6 EL lauwarmer Milch und etwas Mehl vom Rand zu einem Vorteig verrühren. Zugedeckt 15 Min. an einem warmen Ort gehen lassen.

2 Restliche Milch, Butter in Flöckchen, Eier, übrigen Zucker, Salz und Zitronenschale zum Vorteig geben und gründlich unterkneten. Teig abdecken und weitere 30 Min. (oder bis zur doppelten Größe) gehen lassen.

3 Schokolade und Nuss-Nougat in kleine Stückchen schneiden. Mit Mandeln, Rosinen und Orangeat unter den Hefeteig kneten. Teig nochmals 15 Min. gehen lassen. Förmchen einfetten. Backpapier in ca. 8 cm breite Streifen schneiden und in die Förmchen setzen, um den Rand zu erhöhen. Teig einfüllen.

4 Backofen auf 200° (Umluft 180°) vorheizen. Teig 10 Min. gehen lassen, dann die Teigoberfläche kreuzweise einschneiden. Im Ofen (Mitte) in 15–20 Min. goldgelb backen. 10 Min. in den Förmchen abkühlen lassen, dann stürzen und mit Puderzucker bestäuben.

Mini-Klassiker

SACHER-TÖRTCHEN

100 g Zartbitter-Schokolade
75 g weiche Butter
50 g Puderzucker
3 Eier
25 g Mehl
25 g fein gemahlene Mandeln
Fett für die Förmchen

Für das Aprikosenkompott:
200 ml Apfelsaft
2 Päckchen Bourbon-Vanillezucker
12 getrocknete Aprikosen

Für die Schokoladensauce:
150 g Sahne | 75 g Zartbitter-Schokolade

Für 1 Muffinblech (6 Stück) | Zubereitung **1 Std.** | Backzeit **20 Min.**
Pro Person ca. **520 kcal, 8 g EW, 35 g F, 41 g KH**

1 Schokolade zerbröckeln und über einem heißen Wasserbad schmelzen (s. Seite 6/7). Butter und 25 g Puderzucker schaumig rühren. Eier trennen. Eigelbe nacheinander unterrühren. Lauwarme Schokolade unterrühren.

2 Backofen auf 180° (Umluft 160°) vorheizen. 6 Muffinmulden gründlich einfetten. Eiweiße und restlichen Puderzucker ganz steif schlagen, bis der Eischnee schön glänzt. Eischnee auf die Eigelbcreme geben, Mehl und Mandeln darauf geben und alles behutsam vermengen.

3 Teig in die Mulden füllen. Im Ofen (Mitte) ca. 20 Min. backen. Blech aus dem Ofen nehmen, 10 Min. abkühlen lassen, dann die Törtchen auf ein Kuchengitter stürzen und auskühlen lassen.

4 Für das Aprikosenkompott Apfelsaft, Vanillezucker und Aprikosen in einem kleinen Topf 5 Min. kochen, etwas abkühlen lassen. Für die Sauce Sahne erhitzen, Schokolade in Stückchen brechen und darin unter Rühren schmelzen. Sachertörtchen mit Kompott und warmer Schokosauce anrichten.

WAS IST ZARTBITTER-SCHOKOLADE?

Sie enthält mindestens 50 % Kakao, weniger als Bitter-Schokolade und schmeckt daher weniger herb.

kinder-
leicht

KALTER HUND

- 50 g gehackte Mandeln
- 100 g Bitter-Schokolade
- 250 g weiche Butter
- 3 Portionspäckchen lösliches Espressopulver (1–1 1/2 EL)
- 150 g Zucker
- 2 EL Kaffeelikör nach Belieben
- 2 Eier
- 3 gehäufte EL Kakaopulver
- 150 g Butterkekse
- 1–2 EL Espressobohnen zum Garnieren

Für 1 Kastenform von ca. 20 cm Länge (20 Stück) | Zubereitung **40 Min.** | Kühlzeit **4 Std.**
Pro Person ca. **210 kcal, 2 g EW, 15 g F, 16 g KH**

1 Mandeln in einer Pfanne ohne Fett bei schwacher Hitze hellbraun rösten, abkühlen lassen.

2 Schokolade zerbröckeln, Butter in Stückchen schneiden, mit dem Espressopulver in einen kleinen Topf geben. Bei schwacher Hitze unter Rühren schmelzen. Zucker unterrühren. Die Mischung etwas abkühlen lassen.

3 Den Likör nach Belieben, Eier, die Hälfte der Mandeln und Kakao dazugeben und kräftig verrühren.

4 Die Form mit Wasser ausspülen und so mit Frischhaltefolie auslegen, dass die Folie an beiden Seiten etwas übersteht. Espressobohnen hacken und mit den restlichen Mandeln auf den Boden der Form streuen. 2–3 EL Schokocreme darauf geben, mit Keksen bedecken und etwas andrücken. Abwechselnd Schokocreme und Kekse einschichten.

5 Im Kühlschrank mindestens 4 Std., am besten über Nacht kalt stellen. Mithilfe der Folie aus der Form lösen, Folie ablösen und den Kuchen mit einem scharfen Messer in dünne Scheiben schneiden.

MEIN TAUSCH-TIPP

Für Sie auch eine Kindheitserinnerung? Für Kinder lassen Sie Espressopulver, Likör und Espressobohnen weg und verwenden statt Bitter-Schokolade **Vollmilch-Schokolade**.

SCHOKO-KÄSEKUCHEN

bleibt lange frisch

Für den Teig:
250 g Mehl
100 g Zucker
2 EL Kakaopulver
1 gute Prise Salz
150 g weiche Butter
Fett für die Form

Für die Füllung:
150 g Bitter-Schokolade
1 Bio-Zitrone
5 Eier
1 Päckchen Schokoladen-Puddingpulver zum Kochen
200 ml Milch
750 g Magerquark
100 g Zucker

Für 1 Springform von 26 cm Ø (12 Stück) | Zubereitung **50 Min.** | Backzeit **1 Std.**
Pro Person ca. **400 kcal, 15 g EW, 19 g F, 43 g KH**

1 Die Form einfetten. Für den Teig alle Zutaten in eine Rührschüssel geben. Mit den Fingern zu Streuseln reiben. Zwei Drittel davon als Boden in die Form drücken. Form und restliche Streusel kalt stellen.

2 Backofen auf 200° vorheizen. Für die Füllung Schokolade zerbröckeln und über einem heißen Wasserbad schmelzen (s. Seite 6/7). Zitrone heiß waschen, trockentupfen, die Schale fein abreiben und den Saft auspressen. Eier trennen. Puddingpulver mit der Milch glatt rühren. Mit Quark, lauwarmer Schokolade, 50 g Zucker, Eigelben, Zitronensaft und -schale verrühren. Eiweiße mit restlichem Zucker dick-cremig schlagen und behutsam unter die Quarkcreme heben.

3 Füllung auf dem Streuselboden verstreichen. Restliche Streusel darüber streuen. Im Ofen (unten, Umluft 180°) ca. 1 Std. backen, dabei eventuell zwischendurch abdecken. Herausnehmen und abkühlen lassen.

SCHOKO-KUCHEN CROSSOVER

gelingt leicht

BREAD-AND-BUTTER-PUDDING

150 g Brioche oder Hefezopf ++ ca. 150 g Schokoriegel (nach Belieben, z. B. Ihre Lieblingssorte) ++ 3 Eier ++ 2 EL Zucker ++ 300 ml Milch ++ 1 EL Butter ++ Butter für die Förmchen

Für 6 Souffleeförmchen (oder hitzebeständige Tassen à 150 ml) | Zubereitung **20 Min.** Ruhezeit **30 Min.** | Backzeit **20 Min.** | Pro Stück ca. **305 kcal, 9 g EW, 15 g F, 32 g KH**

1 Förmchen oder Tassen großzügig mit Butter ausstreichen. Brioche oder Hefezopf in Scheiben schneiden und klein zupfen. Schokoriegel in dünne Scheiben schneiden.

2 Eier, Zucker und Milch verquirlen. Abwechselnd eine Lage Brioche und Schokoriegel in die Förmchen schichten. Die Eiermilch darauf gießen. 30 Min. durchziehen lassen. Backofen auf 180° (Umluft 160°) vorheizen.

3 Butter in Flöckchen auf die Puddings setzen. Im Ofen (Mitte) in 15–20 Min. goldgelb backen. Heiß oder kalt genießen!

raffiniert-würzig

SCHOKO-CHILI-KUCHEN

200 g Bitter-Schokolade (mindestens 70 % Kakao) ++ 200 g Butter ++ 250 g Zucker ++ 5 Eier ++ 2 EL Mehl ++ Salz ++ 1/4 TL Pimentpulver ++ 1/4–1/2 TL Chilipulver ++ Fett für die Form

Für 1 Tarte- oder Springform von 26 cm Ø (12 Stück) | Zubereitung **25 Min.** | Backzeit **25 Min.**

Pro Person ca. **340 kcal, 4 g EW, 23 g F, 30 g KH**

1 Die Form einfetten. Backofen auf 180° (Umluft 160°) vorheizen. Schokolade zerbröckeln, Butter in Stückchen schneiden und zusammen über einem heißen Wasserbad schmelzen (s. Seite 6/7).

2 Zucker dazugeben und etwas abkühlen lassen. Die Eier nacheinander unterrühren. Zuletzt Mehl, 1 Prise Salz, Piment und Chili unterrühren.

3 Teig in die Form füllen. Im Backofen (Mitte) ca. 25 Min. backen. Der Kuchen sollte in der Mitte noch recht weich sein. Auf einem Kuchengitter abkühlen lassen. Mit Schokofächern (s. Seite 6/7) garnieren.

OLIVEN-SCHOKO-COOKIES

gelingt leicht

50 g milde entsteinte schwarze Oliven
100 g Bitter-Schokolade
175 g feiner brauner Zucker
1 Ei
125 ml Olivenöl
Salz
175 g Mehl
1 TL Backpulver
2 EL Kakaopulver

Für 25 Stück | Zubereitung **30 Min.**
Backzeit pro Blech **15 Min.** | Pro Person
ca. **125 kcal, 1 g EW, 7 g F, 14 g KH**

1 Oliven abspülen, trockentupfen und grob hacken. Schokolade in kleine Stückchen schneiden. 2 Backbleche mit Backpapier belegen. Backofen auf 180° (Umluft 160°) vorheizen.

2 Zucker, Ei, Olivenöl und 2 gute Prisen Salz 5 Min. kräftig schaumig schlagen. Mehl, Backpulver und Kakao mischen und kurz unterrühren. Oliven und Schokostückchen untermischen.

3 Mit einem Esslöffel ca. 25 Teighäufchen auf die Bleche setzen, dabei größere Abstände lassen. Im Ofen (Mitte) 12–15 Min. backen. Auf einem Kuchengitter auskühlen lassen.

frisch am besten

YUFKATÖRTCHEN
MIT SCHOKOMOUSSE

200 g Zartbitter-Schokolade
200 g Sahne
40 g Butter
ca. 125 g Yufkateig (s. Tipp)
frische Beeren und Schokoröllchen (s. Seite 6/7) zum Garnieren

Für 1 Muffinform (8 Stück) | Zubereitung **25 Min.** | Kühlzeit **12 Std.** | Backzeit **20 Min.**
Pro Person ca. **295 kcal, 3 g EW, 22 g F, 20 g KH**

1 Am Vortag für die Schokomousse die Schokolade klein hacken und in eine Rührschüssel geben. Sahne aufkochen, auf die Schokolade gießen, glatt rühren, bis die Schokolade aufgelöst und gut verteilt ist. Über Nacht abgedeckt in den Kühlschrank stellen.

2 Am nächsten Tag für die Yufkatörtchen den Backofen auf 180° (Umluft 160°) vorheizen. Butter schmelzen. 8 Mulden der Muffinform mit etwas Butter ausstreichen. Teig mit einer Schere in 16 ca. 10 cm große Quadrate schneiden. Die Teigstücke mit restlicher Butter bestreichen. Jeweils 2 Stücke Teig übereinander in die Förmchen legen. Mit Alufolie abdecken. Im Ofen (Mitte) in 15–20 Min. goldbraun backen. Herausnehmen, ganz auskühlen lassen.

3 Kurz vorm Servieren die Schokosahne mit den Quirlen des Handrührgeräts aufschlagen, sie wird dabei schaumig und heller. In die Yufkatörtchen füllen. Beeren evtl. abspülen, trockentupfen. Die Törtchen mit Beeren und Schokoröllchen garnieren.

WAS IST YUFKATEIG?

Yufkateig ist ein leicht salziger dünner Teig aus Mehl, Wasser und Salz, der üblicherweise herzhaft gefüllt und ausgebacken wird. Sie erhalten ihn in türkischen Lebensmittelläden in verschiedenen Formen und Größen.

CHOCOLATE BURGER

ohne Backen

2 gehäufte EL Quark
2–3 EL Sahne oder Milch
1 Päckchen Vanillezucker
1 Birne
150 g Erdbeeren
100 g Schokolade (Sorte nach Belieben)
4 kleine Milch- oder Rosinenbrötchen
4 EL rote Beerensauce (Fertigprodukt)

Für 4 Stück | Zubereitung **10 Min.** | Pro Person ca. **275 kcal, 6 g EW, 11 g F, 36 g KH**

1 Quark, Sahne oder Milch und Vanillezucker glatt rühren. Birne waschen, trockentupfen, vierteln, entkernen, die Viertel in Spalten schneiden. Erdbeeren abspülen, trockentupfen, putzen und in Scheiben schneiden. Schokolade in 4 Stücke brechen.

2 Brötchen aufschneiden, mit der Vanillecreme bestreichen. Mit Erdbeeren, Birnen und Schokolade belegen. Beerensauce darauf geben. Brötchendeckel auflegen.

MEINE TAUSCH-TIPPS

Nehmen Sie statt Brötchen auch mal einen **Bagel** oder knusprig getoastetes **Sandwichbrot** – das wird der Hit auf jeder Kindergeburtstagsfeier!

SCHOKO-BAKLAVA

orientalisch

2 längliche Scheiben Blätterteig (TK, ca. 150 g)
75 g Vollmilch-Schokolade
100 g ungesalzene Pistazienkerne
100 g Mandeln
2 EL Sesamsamen
Zimtpulver
1 TL abgeriebene Bio-Orangenschale
1 Eiweiß
1 EL Zucker
Salz
1 EL Butter
3–4 EL Zitronensaft
5–6 EL Orangensaft (von 1 Orange)
125 g Honig
Fett für die Form

Für 1 ofenfeste Form (ca. 15 x 25 cm, 18 Stück) | Zubereitung **45 Min.** | Backzeit **20 Min.**
Ruhezeit **2 Std.** | Pro Person ca. **160 kcal, 3 g EW, 11 g F, 13 g KH**

1 Blätterteigscheiben nebeneinander auftauen lassen. Form mit Backpapier auslegen. Schokolade in Stückchen brechen. Mit Pistazien und Mandeln im Blitzhacker fein hacken. Sesamsamen, 1 Prise Zimt und Orangenschale untermischen. Eiweiß mit Zucker und 1 Prise Salz steif schlagen und unterheben.

2 Backofen auf 200° (Umluft 180°) vorheizen. Blätterteig jeweils in Größe der Form ausrollen, 1 Scheibe als Boden hineinlegen. Füllung darauf streichen. Mit der zweiten Blätterteigscheibe abdecken, etwas andrücken. Obere Teigschicht in fingerbreiten Abständen einschneiden.

3 Butter zerlassen und auf den Teig streichen. Im Ofen (Mitte) ca. 20 Min. backen, bis der Teig leicht gebräunt ist. In der Zwischenzeit 200 ml Wasser mit Zitronen- und Orangensaft sowie Honig aufkochen und ca. 10 Min. einkochen lassen, bis die Flüssigkeit leicht sirupartig ist.

4 Kuchen aus dem Ofen nehmen, Sirup darüber träufeln und mindestens 2 Std. durchziehen lassen.

WARUM WIRD IMMER »BIO«-ORANGENSCHALE VERWENDET?

Bio-Orangen werden, wie auch andere Bio-Zitrusfrüchte, nicht gespritzt und nicht gewachst. Ihre Schale ist daher ohne gesundheitliche Bedenken genießbar und hat natürlich ein tolles Aroma. Wenn Sie keine Bio-Zitrusfrucht zur Hand haben, lassen Sie die Schale weg.

Die Autorin

Anne-Katrin Weber lebt und arbeitet in Hamburg. Als Foodstylistin, Produzentin, Buch- und Rezeptautorin arbeitet sie für Zeitschriften, Buchverlage und Werbeagenturen. Ihre Leidenschaft für das Backen hat sie bereits in mehreren Backbüchern umsetzen können. Dieses Buch ist ganz besonders in ihrem Sinn, da es zwei ihrer Lieblingsbeschäftigungen vereint: Kuchen (backen) und Schokolade (naschen).

Der Fotograf

FOODPHOTOGRAPHY EISING
München ist eines der führenden Fotostudios für Lebensmittelfotografie mit internationalen Kunden aus Werbung und Design. Die Fotos in diesem Buch wurden von **Martina Görlach** und **Sandra Eckhardt** gemacht. Das Foodstyling gestaltete **Michael Koch**, und **Ulla Krause** stellte die Requisite zusammen.

Bildnachweis

Titelfoto und U4: Klaus-Maria Einwanger, Rosenheim; alle anderen: FoodPhotography Eising, München

Die Temperaturangaben bei Gasherden variieren von Hersteller zu Hersteller. Welche Stufe Ihres Herdes der jeweils angegebenen Temperatur entspricht, entnehmen Sie bitte der Gebrauchsanweisung. Bei Elektroherden können die Backzeiten je nach Herd variieren.

Programmleitung: Doris Birk
Leitende Redakteurin: Stephanie Wenzel
Redaktion: Stefanie Poziombka
Lektorat: Adelheid Schmidt-Thomé
Korrektorat: Susanne Elbert
Layout, Typographie und Umschlaggestaltung: Lucie Schmid, independent Medien-Design, München
Illustrationen Seite 4, 48 und U3: Harold Lazaro, Backyard10, München; außer U3, Nr. 3 und 5: Betti Trummer, Karlsruhe
Satz: Filmsatz Schröter, München
Herstellung: Bettina Häfele
Reproduktion: Penta Repro, München
Druck und Bindung: Druckhaus Kaufmann, Lahr

ISBN 978-3-8338-0668-1

1. Auflage 2007

GRÄFE UND UNZER

Ein Unternehmen der
GANSKE VERLAGSGRUPPE

DAS ORIGINAL MIT GARANTIE · GU

DAS ORIGINAL MIT GARANTIE

Ihre Meinung ist uns wichtig. Deshalb möchten wir Ihre Kritik, aber auch Ihr Lob erfahren, um als führender Ratgeberverlag noch besser zu werden. Darum schreiben Sie uns! Wir freuen uns auf Ihre Post und wünschen Ihnen viel Spaß mit Ihrem GU-Ratgeber.

Unsere Garantie: Sollte ein GU-Ratgeber einmal einen Fehler enthalten, schicken Sie uns das Buch mit einem kleinen Hinweis und der Quittung innerhalb von sechs Monaten nach dem Kauf zurück. Wir tauschen Ihnen den GU-Ratgeber gegen einen anderen zum selben oder ähnlichen Thema um.

GRÄFE UND UNZER VERLAG

Redaktion Kochen & Verwöhnen

Postfach 86 03 13
81630 München
Fax: 0 89/4 19 81-113

oder schreiben Sie uns eine E-Mail:
leserservice@graefe-und-unzer.de

100 JAHRE GANSKE VERLAGSGRUPPE

GU Just Cooking

Die brandneuen »Klein, aber oho!«-Kochbücher

Preis je Band: 4,90 € [D]

ISBN 978-3-8338-0660-5
48 Seiten

ISBN 978-3-8338-0661-2
48 Seiten

ISBN 978-3-8338-0662-9
48 Seiten

Änderungen und Irrtum vorbehalten.

Das macht sie so besonders:

Einfach einsteigen – mit ein, zwei Happen Küchenpraxis

Einfach loskochen – mit gelingsicheren Rezepten

Einfach gut essen – und voll im Trend genießen

GU

Willkommen im Leben.

ÜBER DEN TELLERRAND

 **1 Geschichte** In der Schatzkammer von Montezuma, dem letzten Aztekenkönig, sollen eine Milliarde Kakaobohnen gelagert haben. Einen Sklaven konnte man mit 100 Kakaobohnen kaufen. Der europäische Siegeszug der Schokolade wurde dadurch aufgehalten, dass sich die (genussfreudigen) katholischen Geistlichen lange Zeit darüber stritten, ob Schokolade nun ein Getränk oder eine Speise sei: Als Speise hätte sie während der Fastenzeit nicht gegessen werden dürfen; so wurde die Schokolade zum Getränk deklariert. 1912 kostete eine Tafel Schokolade den Gegenwert von ca. 20 Brötchen. Vitalade hieß der süße Schokoladenersatz zu DDR-Zeiten – und schmeckte mit mageren 7 % Kakao eher süß als schokoladig. 

2 Sorten Jede Schokoladensorte hat ihre Farbe auf der Verpackung: Bitter-Schokolade wird in schwarzen, braunen und goldenen Packungen verkauft, Vollmilch meist in blauen. Hundeschokolade gibt es wirklich; sie enthält weniger Kakao als die menschliche Variante. Schokolade mit Kaffee-Senf-Füllung ist ganzjährig erhältlich und kein übler Faschingsscherz. Die Herstellung von kosche-